© der deutschsprachigen Ausgabe
Fleurus Verlag GmbH, Köln 1999
Alle Rechte vorbehalten
© Groupe Fleurus-Mame, Paris 1997
Titel der französischen Ausgabe:
Nouveaux bracelets brésiliens

ISBN 3-89717-070-1
Printed in Belgium

FREUNDSCHAFTS-BÄNDER

Text und Idee: Christel Claudius
Fotos: Dominique Santrot
Illustrationen: Danielle Ansermet
Layout: Claude Poirier

Aus dem Französischen von Elena Eckert
Nach den Regeln der neuen Rechtschreibung

FLEURUS
VERLAG

Einleitung

Material

Für die Bänder brauchst du eigentlich nichts anderes als Stick- oder Perlgarn in verschiedenen Farben und etwas Fingerfertigkeit. Du benötigst auch eine Schere und Sicherheitsnadeln, um dein Band zu befestigen.

Mit ihren leuchtend-bunten Farben gehören Freundschaftsbänder heute zum Sommer wie die Sonne. Ursprünglich stammt das fröhliche Knüpfwerk aus Brasilien, wo sich allerlei Legenden um den fädenen Armschmuck ranken: Die einen wissen zu berichten, dass ein fertig gestelltes Freundschaftsband schönes Wetter ankündigt, die anderen, dass man sich etwas wünschen darf, wenn man es um das Handgelenk gelegt bekommt ... Der Wunsch soll allerdings erst dann in Erfüllung gehen, wenn sich das Band von selbst löst.
Doch auch wenn du nicht an die alten Bräuche glaubst, sind die kunterbunten Bänder ein wunderschöner Armschmuck und - wie der Name schon sagt - ein tolles Geschenk für deine besten Freunde! Ganz abgesehen davon, dass das Knüpfen und Knoten, Fädeln und Nähen mit den bunten Fäden einfach einen Riesenspaß macht!
Von den einfachsten Bändern bis zu den ausgefallensten Modellen bietet dir dieses Buch ein breites Spektrum an wunderschönen Mustern und Farbkombinationen. Damit du vor lauter Knüpfen den Faden nicht verlierst, helfen dir Schritt-für-Schritt-Anleitungen und farbige Abbildungen bei der Realisierung. Viel Spaß!

Für die Verzierung der Bänder kannst du neben den hier beigefügten Perlen auch kleine Schneckenhäuser und Muscheln einknüpfen, in die du vorher ein Loch gebohrt hast. Nadel, Faden und Klebstoff ergänzen deine Deko-Ausrüstung.

Die ersten Schritte

Wähle die Farben der Fäden. Die Fäden haben eine Länge von 180 cm.

Du hast die Wahl

A. Fäden von 90 cm Länge knotest du zusammen. Rund 10 cm Faden sollten dabei am oberen Ende überstehen.

B. Bei Fäden von 180 cm Länge legst du die Fäden doppelt und machst kurz unterhalb der Faltstelle einen Knoten: Über dem Knoten hast du nun eine Schlaufe, die dir später als Verschluss dient.

Führe nun eine Sicherheitsnadel durch den Knoten und befestige so die Fäden: an deiner Hose (etwas oberhalb des Knies) oder an einem Kissen, das du dir zwischen die Beine klemmst. So sind deine Fäden beim Knüpfen immer schön gespannt! Hast du gerade keine Nadel zur Hand, kannst du die Fäden auch mit einem Streifen Klebeband am Tisch befestigen.

Ordne die Fäden sorgfältig, bevor du anfängst, damit dein Band am Ende wirklich so aussieht, wie du es dir vorgestellt hast! Aber keine Sorge: Wir geben dir für jedes Modell die Anzahl der nötigen Fäden und ihre Ausgangsposition genau an.

Knüpftechnik

Jeder Faden ist im Laufe des Knüpfens wechselseitig Spannfaden und Arbeitsfaden: Um den Spannfaden wird der Knoten geknüpft. Er muss stets ganz straff gehalten werden. Mit dem Arbeitsfaden schlingst du den Knoten um den Spannfaden herum. Die Fäden wechseln beim Weiterknüpfen nicht nur die Funktion (Spann- und Arbeitsfaden), sondern auch ihre Position. Ordne sie deshalb immer sorgfältig! Auch die Knoten solltest du immer gut festziehen.

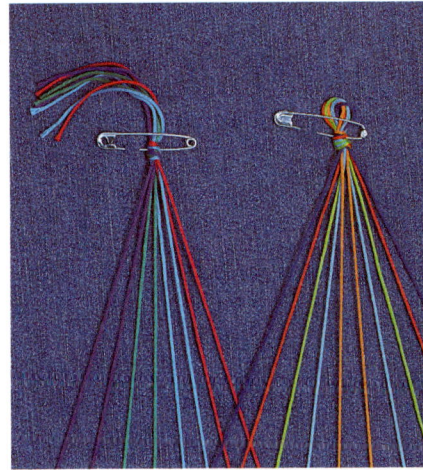

Zwei Möglichkeiten

A   B

Die Knüpfknoten

So groß die Vielzahl der Muster auch ist:
Drei einfache Knoten genügen!

Rechte Knoten

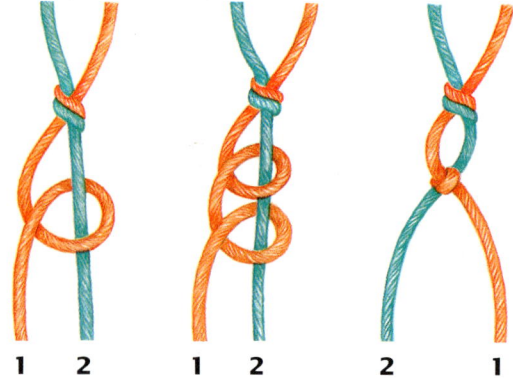

1 Halte mit der linken Hand Faden 2 gut gespannt und führe mit der rechten Hand Faden 1 als Schlinge um 2 herum. Nun straffe vorsichtig auch den Arbeitsfaden 1 und schiebe so den erhaltenen Knoten ganz nach oben.

2 Knüpfe nun auf die gleiche Weise einen zweiten Knoten. Platziere ihn beim Festziehen so dicht wie möglich an dem ersten Knoten.

3 Schau genau hin! Faden 1 und Faden 2 haben ihre Position gewechselt.

Linke Knoten

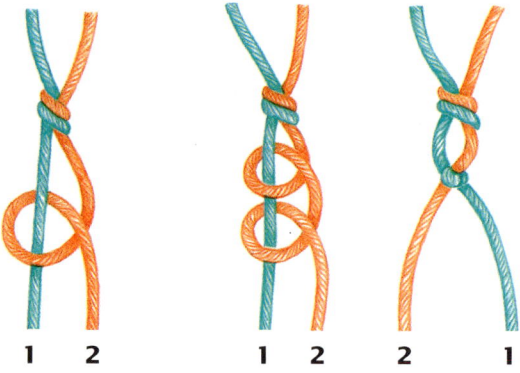

1 Straffe mit der rechten Hand Faden 1 und führe mit der linken Hand Faden 2 als Schlinge um Faden 1. Schiebe auch diesen Knoten ganz nach oben.

2 Den zweiten Knoten knüpfst du genauso und setzt ihn dicht an den ersten Knoten.

3 Auch hier haben die Fäden ihre Position gewechselt.

Abwechselnd geknüpfte Knoten

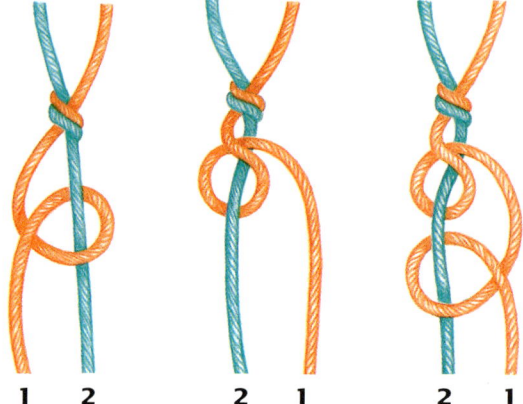

1 Faden 1 ist Arbeitsfaden und Faden 2 Spannfaden: Mache mit Faden 1 einen einfachen rechten Knoten in Faden 2.

2 Faden 1 ist nun auf der rechten Seite. Auch du wechselst jetzt: Nimm Faden 2 in die rechte Hand.

3 Die linke Hand knüpft nun einen einfachen linken Knoten mit Faden 1. Ziehe auch hier die Knoten gut fest.

Abschlüsse

Bänder ohne Anfangsschlaufe

Wenn du mit Knüpfen fertig bist, löse den Anfangsknoten und flicht die beiden losen Fadenenden. Knote die Zöpfe am Handgelenk zusammen.

Bänder mit Anfangsschlaufe

Flicht die Fäden am Ende des Bandes zu ein oder zwei Zöpfen. Diese kannst du mit der Schlaufe verknoten.

Flechten

Flechten? Nichts leichter als das! Auf dieser Seite findest du ein Modell für Einsteiger. Das gelingt auch ungeübten Fingern auf Anhieb!

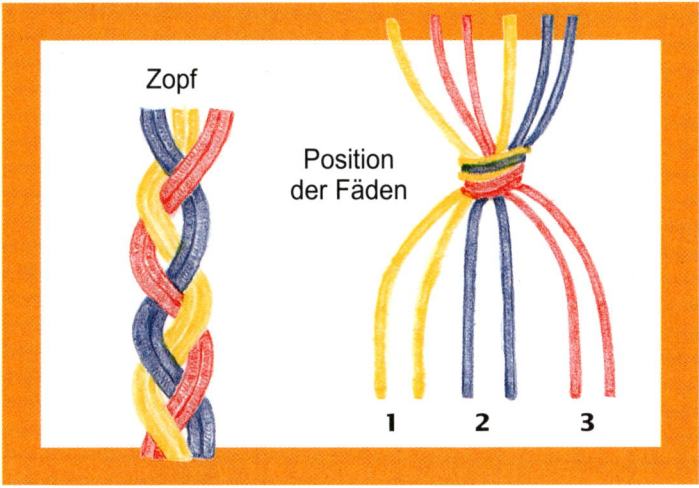

Zopf

Position der Fäden

1   2   3

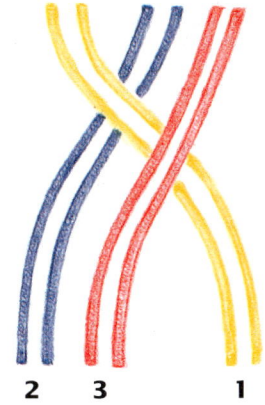

2   3   1

1 Nimm jeweils zwei Fäden gleicher Farbe zusammen: Du hast nun drei Fadenstränge.

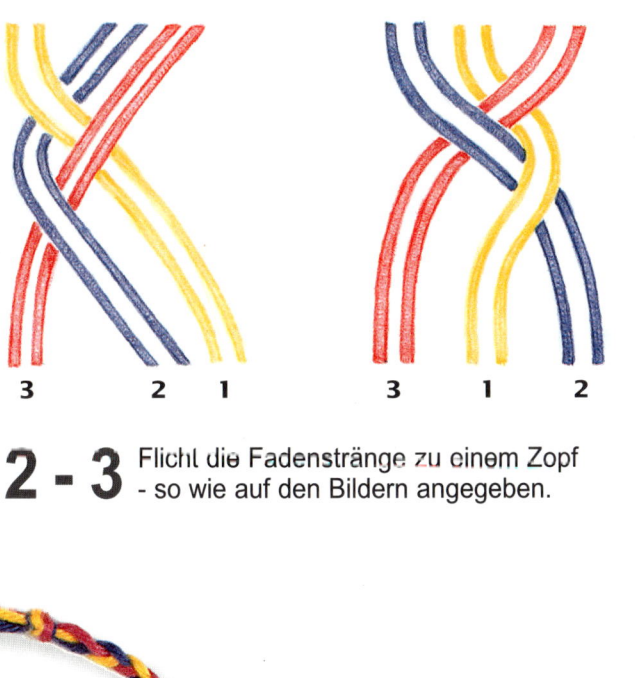

3   2   1

3   1   2

2 - 3 Flicht die Fadenstränge zu einem Zopf - so wie auf den Bildern angegeben.

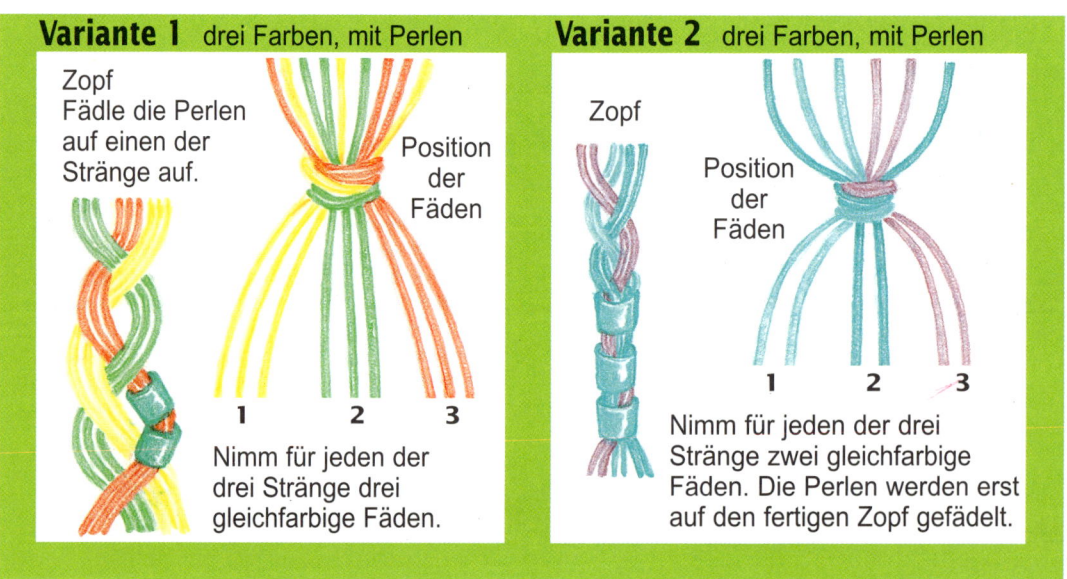

Spielarten

Variante 1 drei Farben, mit Perlen

Zopf
Fädle die Perlen
auf einen der
Stränge auf.

Position
der
Fäden

1   2   3

Nimm für jeden der
drei Stränge drei
gleichfarbige Fäden.

Variante 2 drei Farben, mit Perlen

Zopf

Position
der
Fäden

1   2   3

Nimm für jeden der drei
Stränge zwei gleichfarbige
Fäden. Die Perlen werden erst
auf den fertigen Zopf gefädelt.

Streifen-Bänder

Streifen-Bänder lassen sich ganz einfach fertigen:
Jede Reihe wird von links nach rechts geknüpft.
Der Arbeitsfaden bleibt für eine ganze Reihe derselbe.

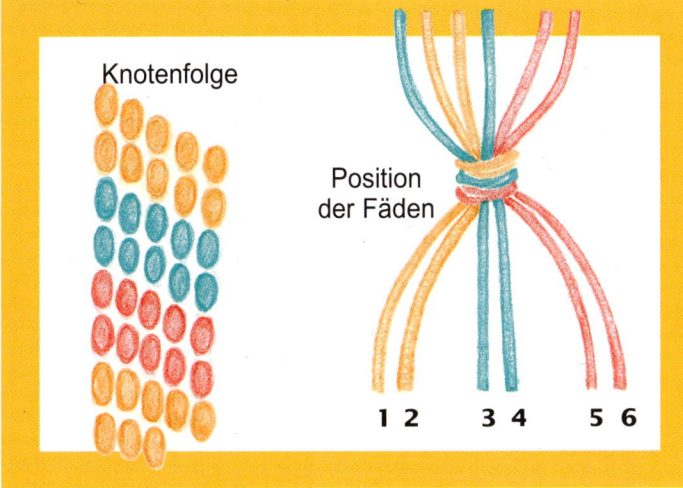

Knotenfolge

Position der Fäden

1 2   3 4   5 6

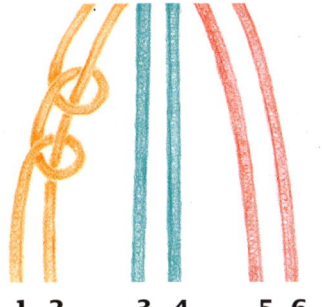

1 2   3 4   5 6

1 Knüpfe mit Faden 1 zwei rechte Knoten auf Faden 2.

2 1 3   4 5 6

2 Knüpfe weiterhin mit Faden 1 zwei rechte Knoten auf Faden 3.

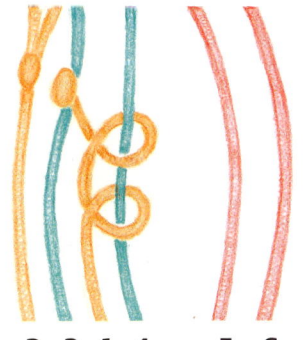

2 3 1 4   5 6

3 Faden 1 ist nach wie vor Arbeitsfaden. Faden 4 ist nun Spannfaden.

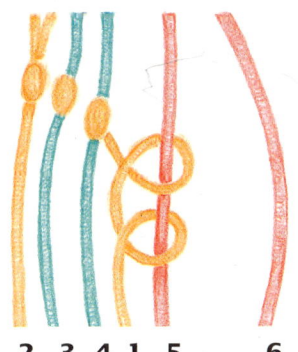

2 3 4 1 5   6

4 Nun ist Faden 5 Spannfaden.

2 3 4 5 1 6

5 Jetzt noch zwei rechte Knoten auf Faden 6 und fertig ist die erste Reihe!

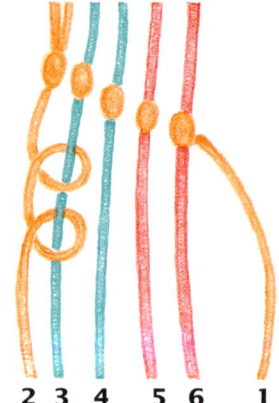

2 3 4 5 6 1

6 Nun ist Faden 2 Arbeitsfaden: Knüpfe zwei
rechte Knoten auf Faden 3.

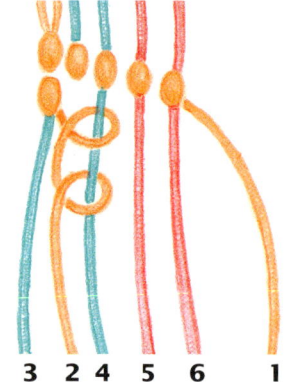

3 2 4 5 6 1

7 Knüpfe mit Faden 2 je
zwei rechte Knoten auf
Faden 4, 5, 6 und 1.

1 2 3 4 5 6

8 So knüpfst du nun weiter,
bis die Fäden wieder in
der Ausgangsposition liegen.
Und dann geht's wieder von
vorne los!

Spielarten

Die Streifen-Bänder lassen sich einfach und doch wirkungsvoll variieren:
Du musst nur Farben und/oder Anzahl der Fäden ändern. Außerdem kannst
du auch Perlen oder Muscheln einknüpfen.

Variante 1

Knotenfolge

Position der Fäden

1 2 3 4 5

Hier knüpft man die einzelnen Knoten mit jeweils zwei Fäden gleicher Farbe.

Variante 2

Knotenfolge

Position der Fäden

1 2 3 4 5 6 7 8 9 10

Fäden in fünf Farben

Variante 3

Knotenfolge

Position der Fäden

1 2 3 4 5 6

Zwei Farben; drei Perlen. Platziere je eine Perle an die Enden und eine in die Mitte des Bandes.

Variante 4

Knotenfolge

Position der Fäden

Mit Perlen oder Muscheln!

1 2 3 4 5 6

Zwei Farben; vier Muscheln. Knüpfe die Muscheln in die Mitte des Bandes ein.

Variante 5

Knotenfolge

Position der Fäden

Mit Perlen oder Muscheln!

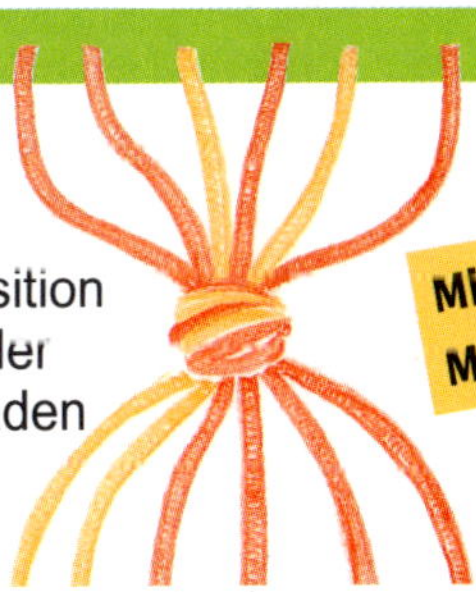

1 2 3 4 5 6

Zwei Farben; zwei Muscheln. Knüpfe die Muscheln in die Mitte des Bandes ein.

Tango

Zwei rechte Knoten, zwei linke Knoten - mehr brauchst du nicht für dieses Modell! Fang nur gleich an, es ist ganz einfach!

Knotenfolge

Position der Fäden

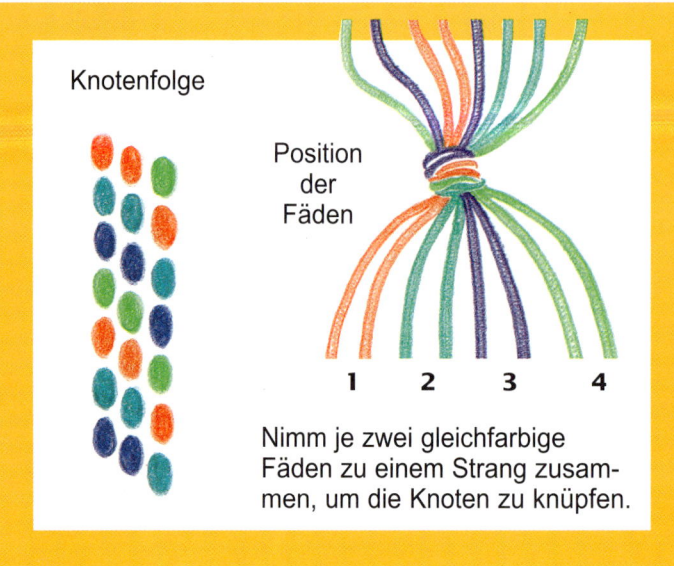

Nimm je zwei gleichfarbige Fäden zu einem Strang zusammen, um die Knoten zu knüpfen.

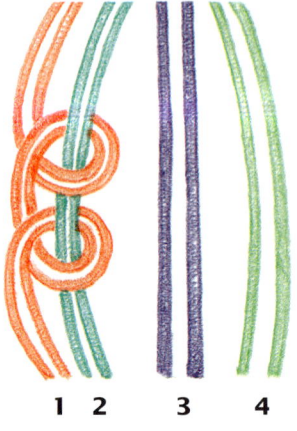

1 Knüpfe mit Strang 1 zwei rechte Knoten auf Strang 2.

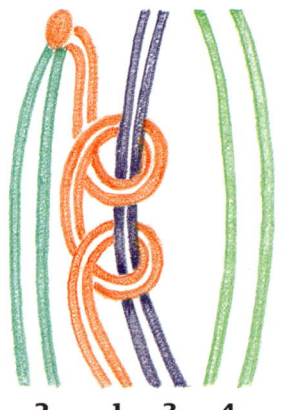

2 Knüpfe weiterhin mit Strang 1 zwei rechte Knoten auf Strang 3.

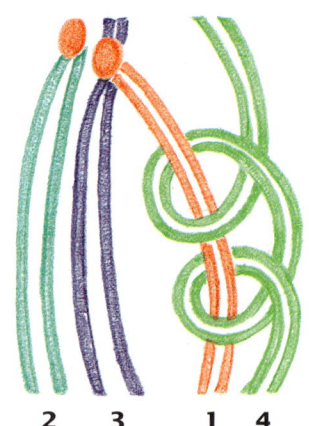

3 Knüpfe mit Strang 4 zwei linke Knoten auf Strang 1. Und schon ist die erste Reihe fertig!

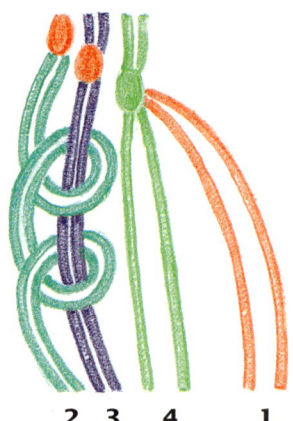

4 Nun knüpfst du mit Strang 2 zwei rechte Knoten auf Strang 3.

5 Und wieder knüpfst du mit Strang 2 zwei linke Knoten auf Strang 4.

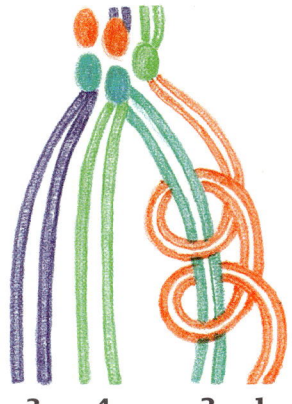

6 Mit Strang 1 knüpfe nun noch zwei linke Knoten auf Strang 2. Und auch die zweite Reihe ist fertig!

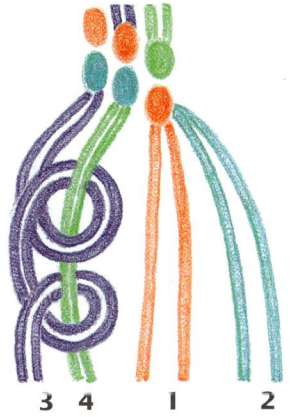

7 Die dritte Reihe beginnst du mit Strang 3. Nun geht es genauso weiter wie bisher!

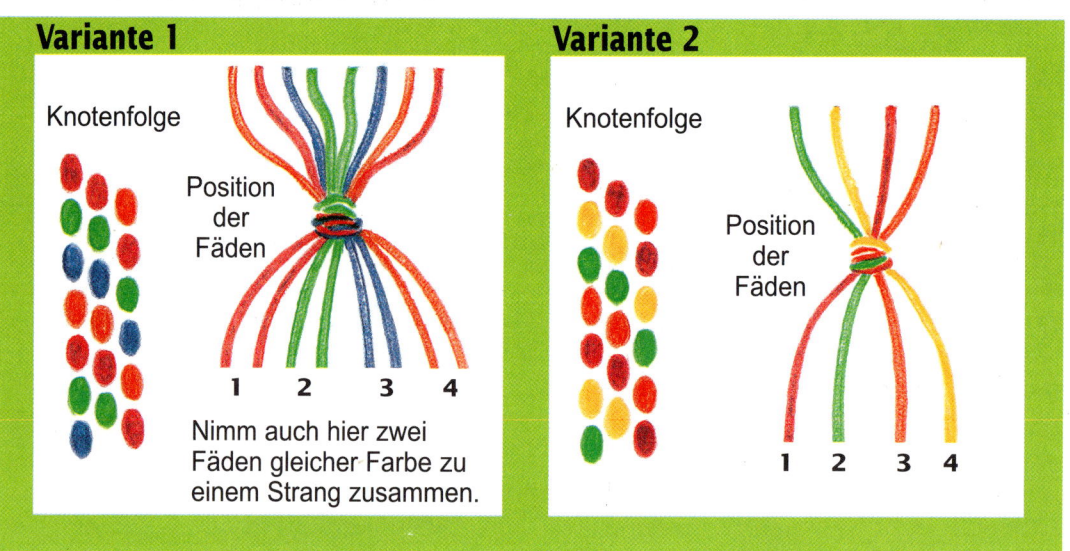

Spielarten

Variante 1

Knotenfolge

Position
der
Fäden

1   2   3   4

Nimm auch hier zwei
Fäden gleicher Farbe zu
einem Strang zusammen.

Variante 2

Knotenfolge

Position
der
Fäden

1   2   3   4

Bossa Nova

Bei diesem Freundschaftsband wechseln auf raffinierte Art die Farben an den Seitenkanten.

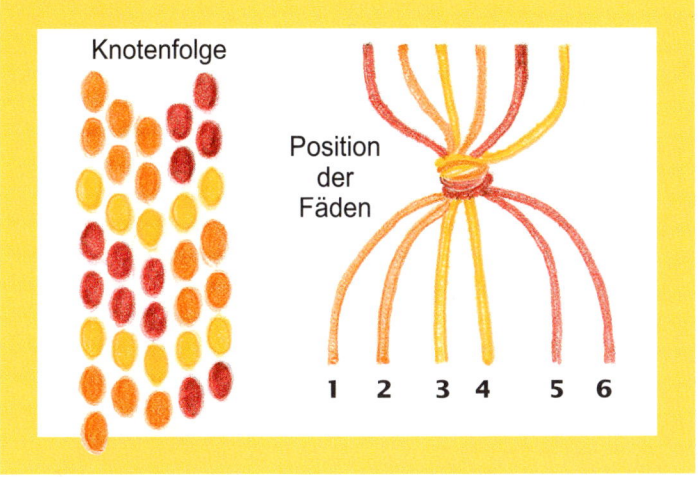

Knotenfolge

Position der Fäden

1 2 3 4 5 6

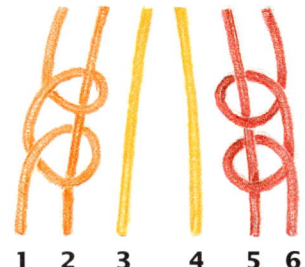

1 2 3 4 5 6

1 Knüpfe mit Faden 1 zwei rechte Knoten auf Faden 2. Knüpfe dann mit Faden 6 zwei linke Knoten auf Faden 5.

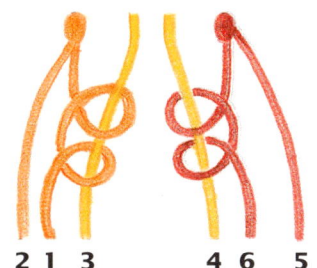

2 1 3 4 6 5

2 Knüpfe mit Faden 1 zwei rechte Knoten auf Faden 3 und mit Faden 6 zwei linke Knoten auf Faden 4.

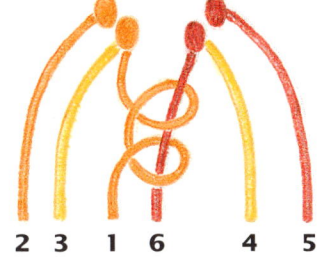

2 3 1 6 4 5

3 Nun knüpfst du mit Faden 1 zwei rechte Knoten auf Faden 6.

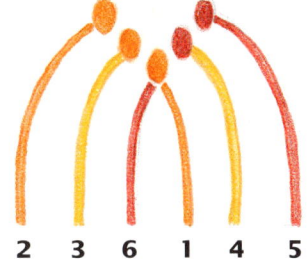

2 3 6 1 4 5

4 Damit ist die erste Reihe fertig!

2 3 6 1 4 5

5 Knüpfe mit Faden 2 zwei rechte Knoten auf Faden 3. Knüpfe dann mit Faden 5 zwei linke Knoten auf Faden 4.

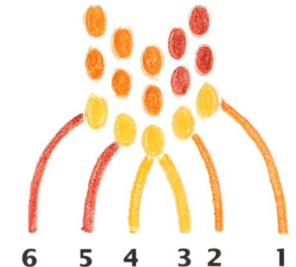

6 5 4 3 2 1

6 Für die zweite und dritte Reihe machst du nun genauso weiter wie bisher.

1 2 3 4 5 6

7 Immer weiter so, bis du wieder bei der Ausgangsposition der Fäden bist. Dann fängst du wieder von vorne an.

Bossa Nova

Spielarten

Variante 1

Knotenfolge

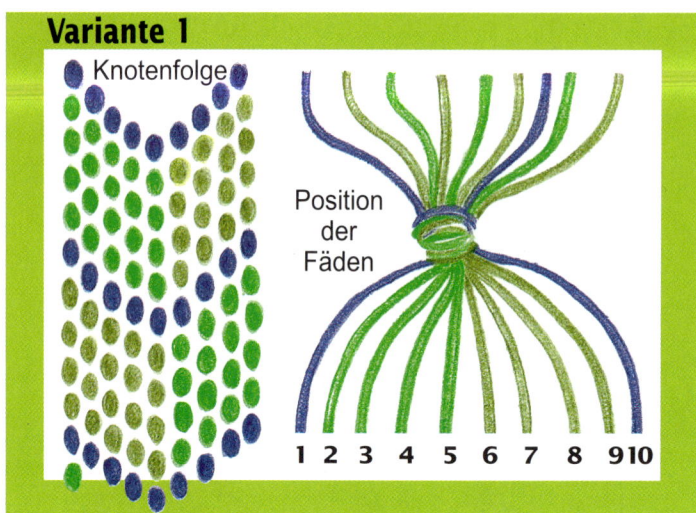

Position der Fäden

1 2 3 4 5 6 7 8 9 10

1 2 3 4 5 6 7 8 9 10

1 Knüpfe mit Faden 1 zwei rechte Knoten auf Faden 2. Knüpfe dann mit Faden 10 zwei linke Knoten auf Faden 9.

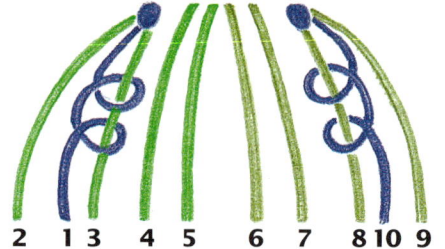

2 1 3 4 5 6 7 8 10 9

2 Anschließend knüpfst du mit Faden 1 je zwei rechte Knoten auf Faden 3, 4 und 5. Mit Faden 10 knüpfst du dann je zwei linke Knoten auf Faden 8, 7 und 6.

2 3 4 5 1 10 6 7 8 9

3 Jetzt noch mit Faden 1 zwei rechte Knoten auf Faden 10: Die erste Reihe ist fertig!

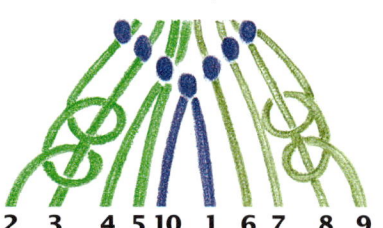

2 3 4 5 10 1 6 7 8 9

4 Knüpfe mit Faden 2 je zwei rechte Knoten auf Faden 3, 4, 5 und 10 und mit Faden 9 je zwei linke Knoten auf Faden 8, 7, 6 und 1. Mit Faden 2 knüpfst du dann wieder zwei rechte Knoten auf Faden 9. Auch die zweite Reihe ist geschafft!

Variante 2

Knotenfolge

Position der Fäden

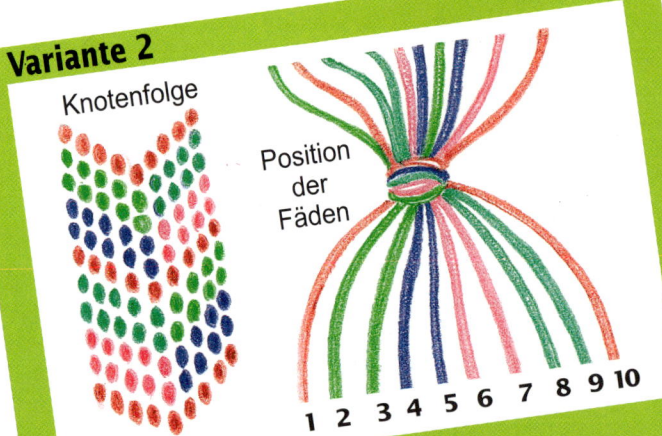

1 2 3 4 5 6 7 8 9 10

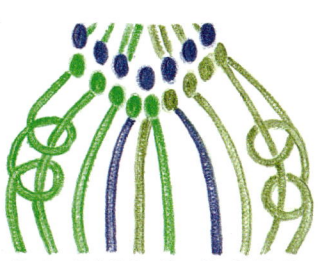

3 4 5 10 9 2 1 6 7 8

5 Verfahre zuerst mit Faden 3 und 8, dann mit Faden 4 und 7, 5 und 6 genauso.

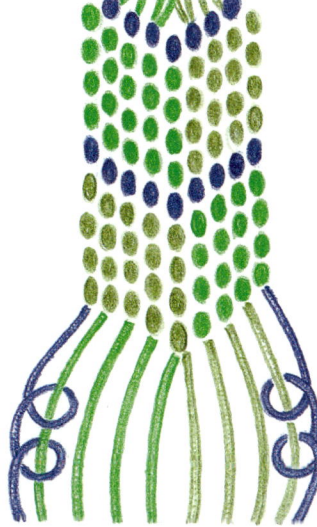

1 2 3 4 5 6 7 8 9 10

6 Knüpfe auf die gleiche Weise auch die weiteren Reihen. Wenn du wieder bei der Ausgangsposition der Fäden angelangt bist, beginnst du von vorne.

Allegro

Linke und rechte Knoten vereinen sich in der Mitte zu einem Winkel.
Das sieht toll aus und ist gar nicht schwer!

Knotenfolge

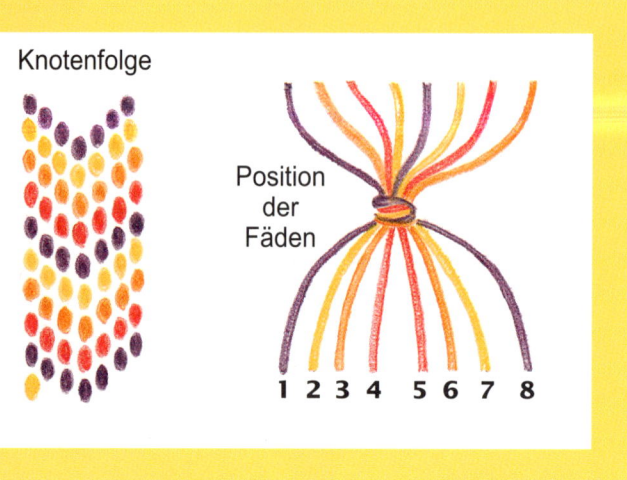

Position der Fäden

1 2 3 4 5 6 7 8

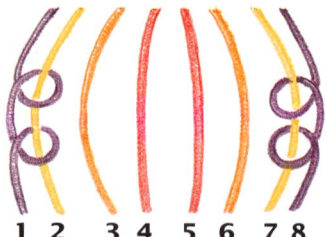

1 2 3 4 5 6 7 8

1 Knüpfe mit Faden 1 je zwei rechte Knoten auf Faden 2, 3 und 4. Knüpfe dann mit Faden 8 zwei linke Knoten auf Faden 7, 6 und 5.

2 3 4 1 8 5 6 7

2 Nun knüpfe mit Faden 1 zwei rechte Knoten auf Faden 8. Dein erster Winkel ist fertig!

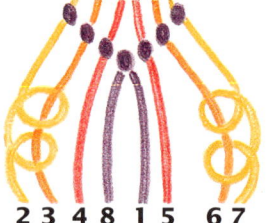

2 3 4 8 1 5 6 7

3 Knüpfe mit Faden 2 je zwei rechte Knoten auf Faden 3, 4 und 8. Nun knüpfe mit Faden 7 je zwei linke Knoten auf Faden 6, 5 und 1.

1 2 3 4 5 6 7 8

4 Du machst nun so weiter, bis du die Ausgangsposition erreicht hast.

Variante 1

Knotenfolge

Position der Fäden

1 2 3 4 5 6 7 8 9 10 11 12

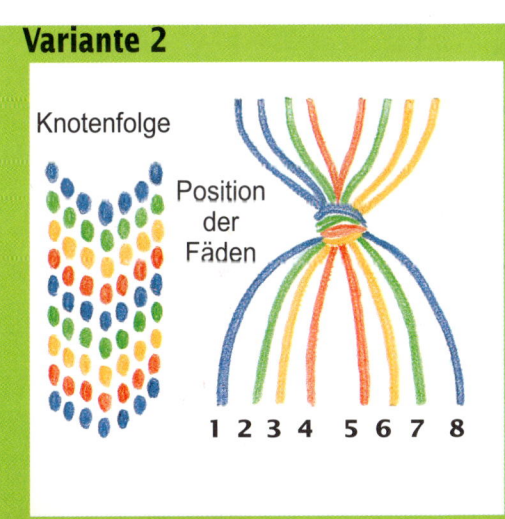

Variante 2

Knotenfolge

Position der Fäden

1 2 3 4 5 6 7 8

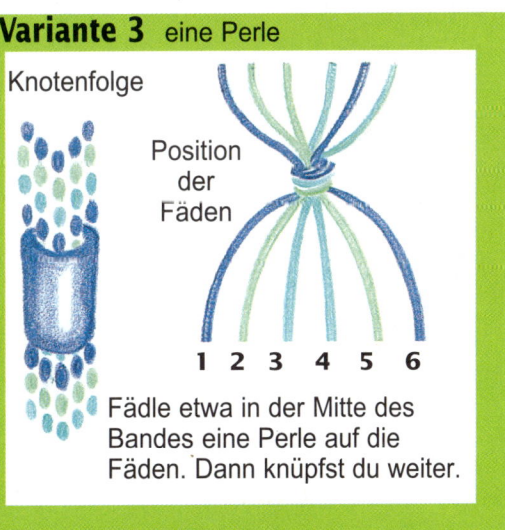

Variante 3 eine Perle

Knotenfolge

Position der Fäden

1 2 3 4 5 6

Fädle etwa in der Mitte des Bandes eine Perle auf die Fäden. Dann knüpfst du weiter.

Bahia

Dieses wunderschöne Band ist etwas schwerer zu knüpfen: Die Knotenfolge wird in bestimmten Abständen von Aussparungen durchbrochen.

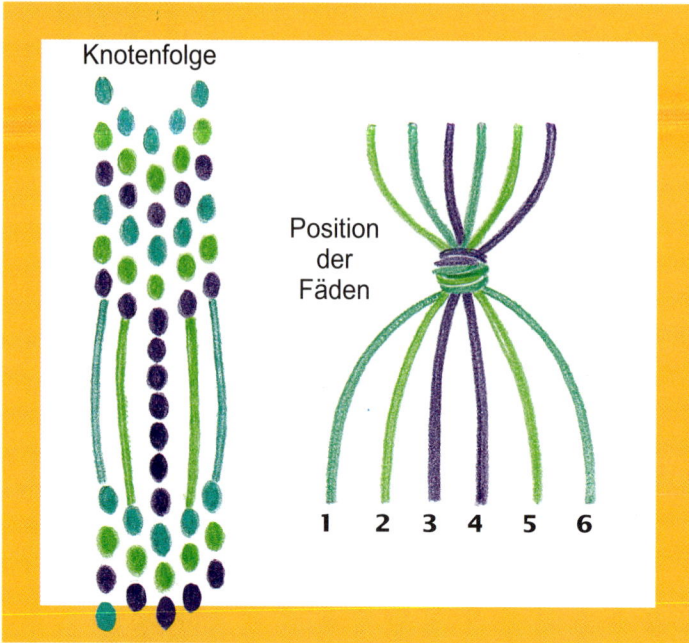

Knotenfolge

Position der Fäden

1 2 3 4 5 6

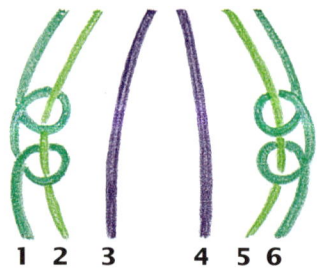

1 2 3   4 5 6

1 Für die erste Reihe knüpfst du mit Faden 1 je zwei rechte Knoten auf Faden 2 und 3. Dann knüpfst du mit Faden 6 je zwei linke Knoten auf Faden 5 und 4. Schließlich knüpfst du noch zwei rechte Knoten mit Faden 1 auf Faden 6.

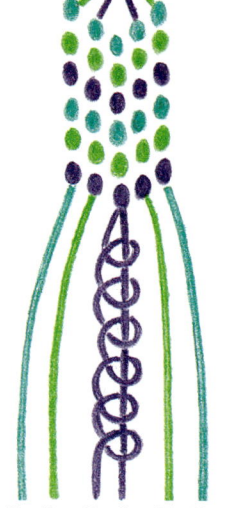

1 2 3 4 5 6

2 Knüpfe sechs Reihen. Knüpfe dann mit Faden 3 sechs rechte Knoten auf Faden 4. Faden 1, 2, 5 und 6 arbeiten nicht.

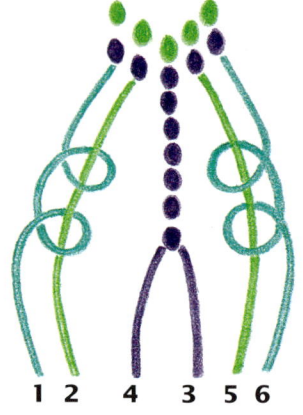

1 2   4   3 5 6

3 Auf der Höhe des letzten Knotens knüpfst du nun mit Faden 1 zwei rechte Knoten auf Faden 2. Dann knüpfst du auf gleicher Höhe mit Faden 6 zwei linke Knoten auf Faden 5.

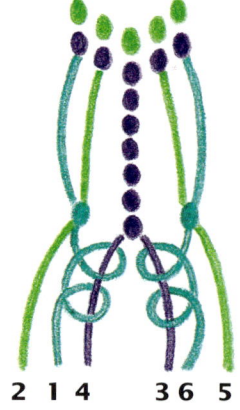

2 1 4   3 6 5

4 Knüpfe dann mit Faden 1 zwei rechte Knoten auf Faden 4 und mit Faden 6 zwei linke Knoten auf Faden 3.

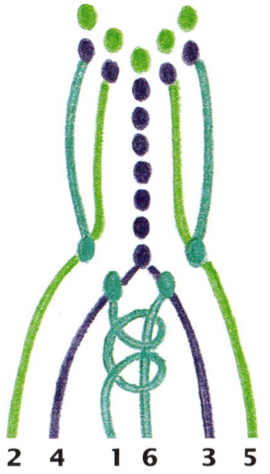

2 4 1 6 3 5

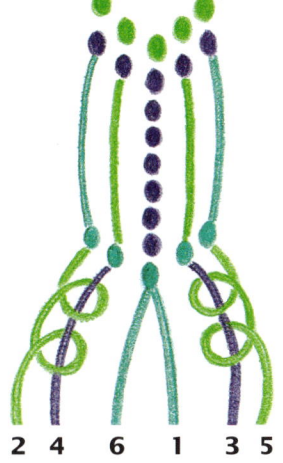

2 4 6 1 3 5

5 Knüpfe nun mit Faden 1 zwei rechte Knoten auf Faden 6. Diese Reihe ist fertig!

6 Für die nächste Reihe knüpfst du mit Faden 2 zwei rechte Knoten auf Faden 4. Dann knüpfst du mit Faden 5 zwei linke Knoten auf Faden 3 usw.

Variante

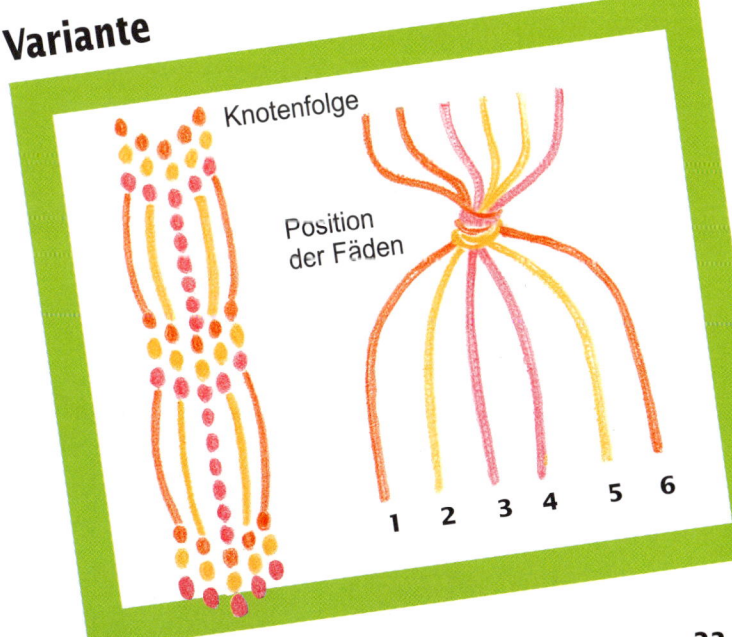

Knotenfolge

Position der Fäden

1 2 3 4 5 6

Macumba

Dieses Band ist besonders breit und bunt. Vor allem der Mittelteil ist auffällig: Hier wird die Richtung der Knoten auf raffinierte Art geändert.

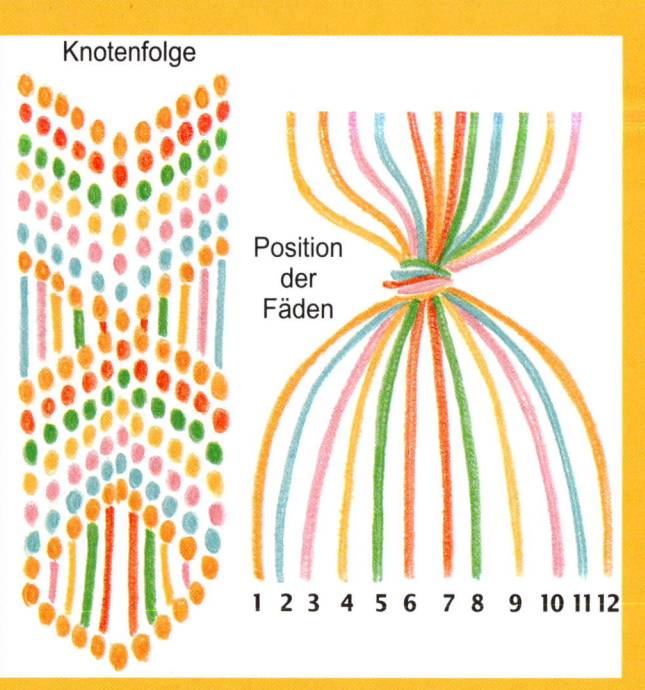

Knotenfolge

Position der Fäden

1 2 3 4 5 6 7 8 9 10 11 12

1 2 3 4 5 6 7 8 9 10 11 12

1 Knüpfe mit Faden 1 der Reihe nach je zwei rechte Knoten auf Faden 2, 3, 4, 5 und 6. Knüpfe dann mit Faden 12 je zwei linke Knoten auf Faden 11, 10, 9, 8 und 7. Anschließend knüpfst du mit Faden 1 zwei rechte Knoten auf Faden 12.

2 3 4 5 6 12 1 7 8 9 10 11

2 Die erste Reihe ist fertig! Für die zweite Reihe beginnst du mit den Fäden 2 und 11. Mach genauso weiter, bis die Fäden wieder in der Ausgangsposition sind.

2 3 4 5 6 12 1 7 8 9 10 11

3 Knüpfe mit Faden 12 zwei linke Knoten auf Faden 6. Knüpfe dann mit Faden 1 zwei rechte Knoten auf Faden 7.

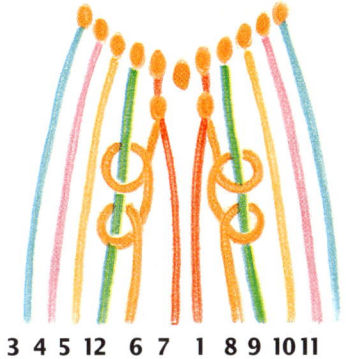

2 3 4 5 12 6 7 1 8 9 10 11

4 Knüpfe mit Faden 12 zwei linke Knoten auf Faden 5 und mit Faden 1 zwei rechte Knoten auf Faden 8. Knüpfe jetzt noch Faden 12 auf Faden 4, 3 und 2 und Faden 1 auf Faden 9, 10 und 11.

12 2 3 4 5 6 7 8 9 10 11 1

5 Knüpfe mit Faden 6 zwei rechte Knoten auf Faden 7.

12 2 3 4 5 7 6 8 9 10 11 1

6 Beginne eine neue Reihe: Knüpfe dazu mit Faden 7 je zwei linke Knoten auf Faden 5, 4, 3, 2 und 12. Knüpfe dann mit Faden 6 je zwei rechte Knoten auf Faden 8, 9, 10, 11 und 1.

1 2 3 4 5 6 7 8 9 10 11 12

7 Du knüpfst nun auf die gleiche Weise weiter, bis du erneut die Ausgangsposition der Fäden erreichst. Dann beginnst du wieder von vorne.

Äquator

Dieses Freundschaftsband mit durchbrochenen Seitenrändern ist nicht ganz einfach zu knüpfen. Aber bestimmt hast du inzwischen die nötige Übung!

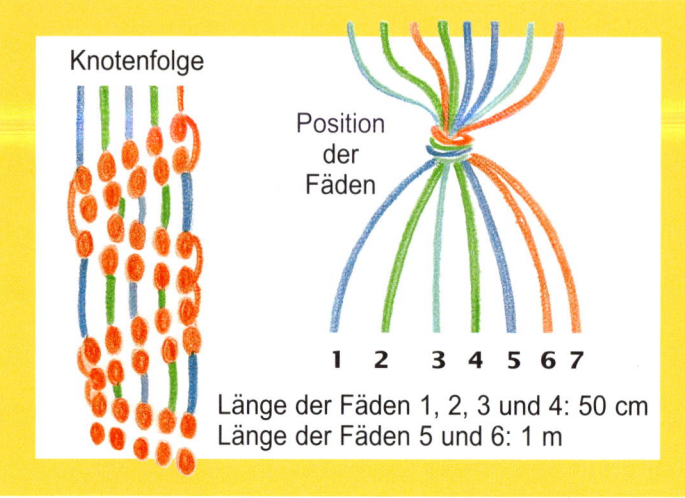

Knotenfolge

Position der Fäden

1 2 3 4 5 6 7

Länge der Fäden 1, 2, 3 und 4: 50 cm
Länge der Fäden 5 und 6: 1 m

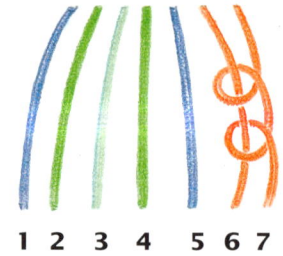

1 2 3 4 5 6 7

1 Knüpfe mit Faden 7 je zwei linke Knoten auf Faden 6, 5, 4, 3, 2 und 1. Fertig ist die erste Reihe!

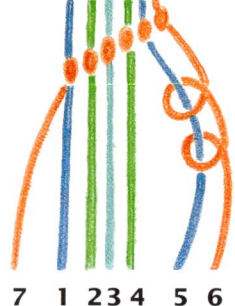

7 1 2 3 4 5 6

2 Die zweite Reihe beginnst du mit zwei linken Knoten mit Faden 6 auf Faden 5. Dann geht es so weiter wie oben.

6 7 1 2 3 4 5

3 Knüpfe nun mit Faden 7 je zwei rechte Knoten auf Faden 1, 2, 3, 4 und 5.

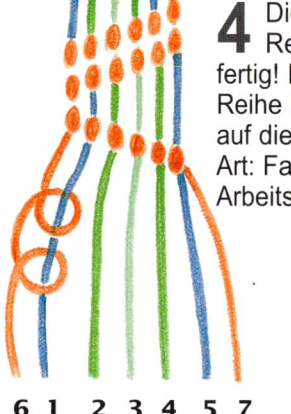

6 1 2 3 4 5 7

4 Die dritte Reihe ist fertig! Die vierte Reihe knüpfst du auf die gleiche Art: Faden 6 ist Arbeitsfaden.

5 Und von vorne: Beginne wieder mit Faden 7.

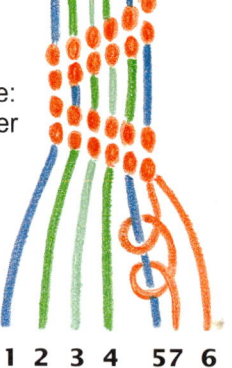

1 2 3 4 5 7 6

Variante

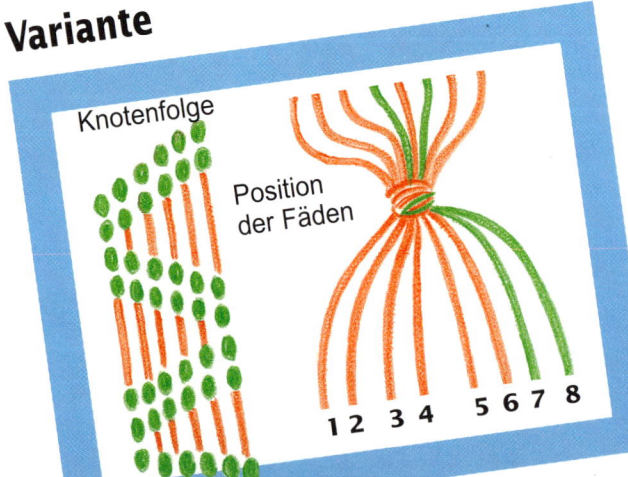

Knotenfolge

Position der Fäden

1 2 3 4 5 6 7 8

Tropenzauber

Dieses Band wird wie das vorangehende Modell geknüpft, aber es ist doppelt so breit: Das Zick-Zack-Muster wird zu einer Rautenkette.

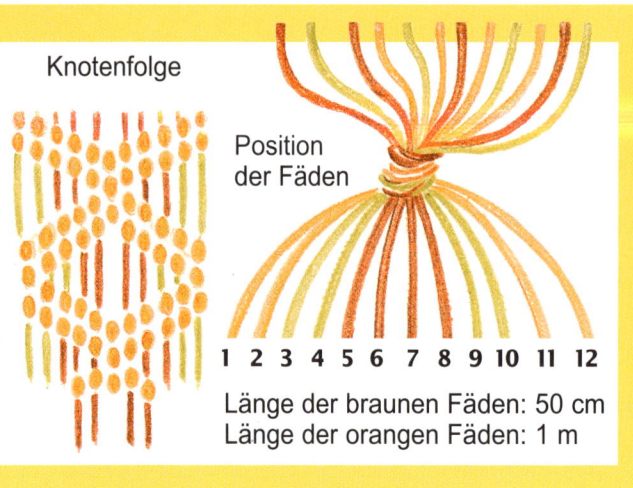

Knotenfolge

Position der Fäden

1 2 3 4 5 6 7 8 9 10 11 12

Länge der braunen Fäden: 50 cm
Länge der orangen Fäden: 1 m

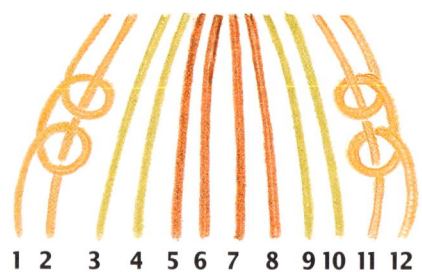

1 2 3 4 5 6 7 8 9 10 11 12

1 Knüpfe mit Faden 1 zwei rechte Knoten auf Faden 2. Knüpfe dann mit Faden 12 zwei linke Knoten auf Faden 11.

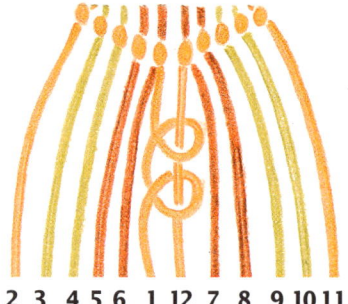

2 3 4 5 6 1 12 7 8 9 10 11

2 Die Knoten von Faden 1 und 12 sollen zusammen einen Winkel bilden. Verbinde sie, indem du mit Faden 1 zwei rechte Knoten auf Faden 12 knüpfst.

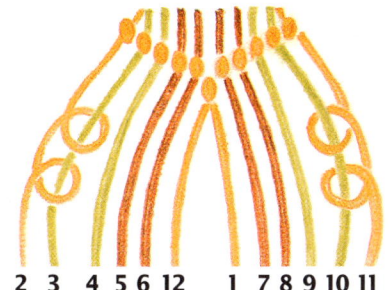

2 3   4 5 6 12   1 7 8 9 10 11

3 Für den zweiten Winkel arbeitest du mit Faden 2 und 11.

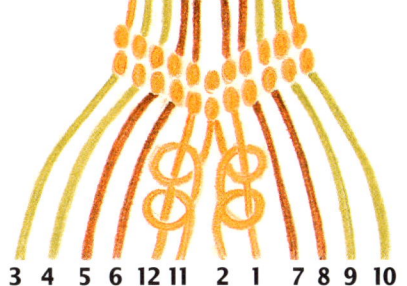

3 4   5 6 12 11   2 1   7 8 9 10

4 Auch der zweite Winkel ist fertig! Mit Faden 11 knüpfst du nun zwei linke Knoten auf Faden 12 und mit Faden 2 zwei rechte Knoten auf Faden 1.

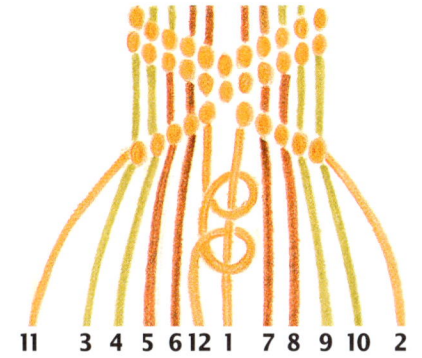

11   3 4 5 6 12 1   7 8 9 10   2

5 Beginne nun den dritten Winkel. Knüpfe als Abschluss mit Faden 12 zwei rechte Knoten auf Faden 1.

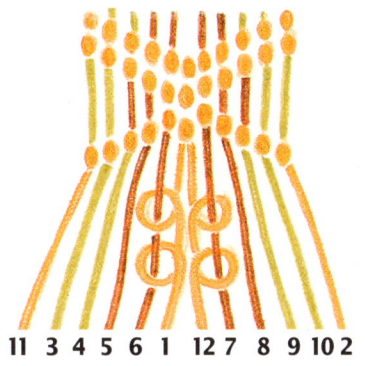

11 3 4 5 6 1   12 7   8   9 10 2

6 Den vierten Winkel knüpfst du mit Faden 1 und 12.

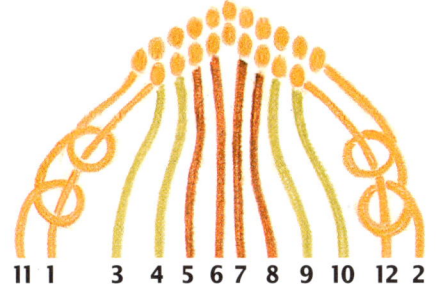

11 1   3   4 5 6 7 8 9 10 12 2

7 Knüpfe mit Faden 11 zwei rechte Knoten auf Faden 1. Knüpfe dann mit Faden 2 zwei linke Knoten auf Faden 12.

1 11 3   4   5 6 7 8 9   10 2   12

8 Beginne mit den Fäden 11 und 2 wieder von vorne.

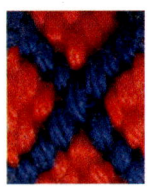

Rauten-Bänder

Zwei- oder mehrfarbige Rauten-Bänder sind toll, doch ziemlich schwer zu knüpfen.

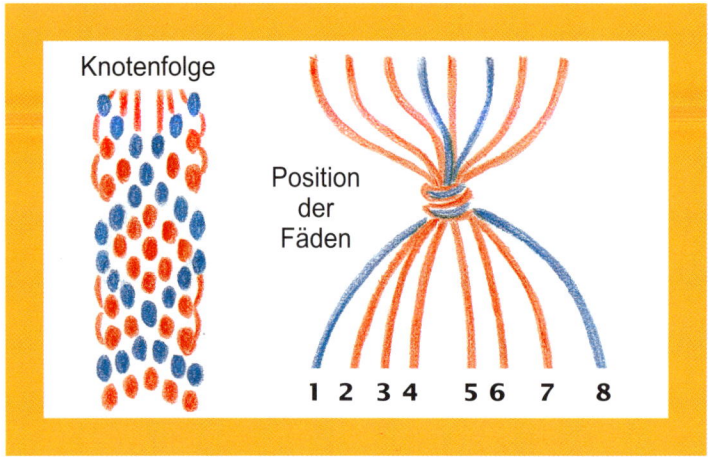

Knotenfolge

Position der Fäden

1 2 3 4   5 6   7   8

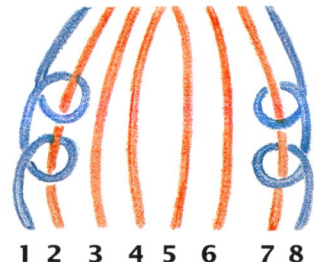

1 2 3 4 5 6 7 8

1 Knüpfe mit Faden 1 zwei rechte Knoten auf Faden 2. Knüpfe dann mit Faden 8 zwei linke Knoten auf Faden 7.

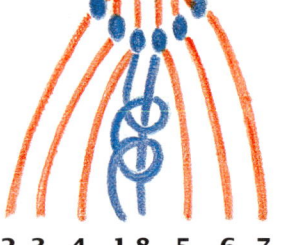

2 3 4 1 8 5 6 7

2 Knüpfe Faden 1 und 8 so, dass sich ein Winkel bildet. In der Mitte treffen sich beide Fäden: Knüpfe mit Faden 1 zwei rechte Knoten auf Faden 8.

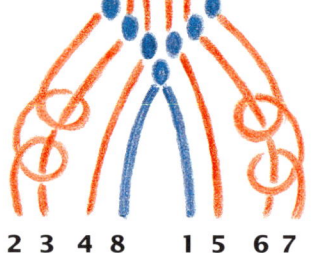

2 3 4 8 1 5 6 7

3 Mit Faden 2 knüpfst du nun je zwei rechte Knoten auf Faden 3 und 4. Mit Faden 7 knüpfst du dann je zwei linke Knoten auf Faden 6 und 5.

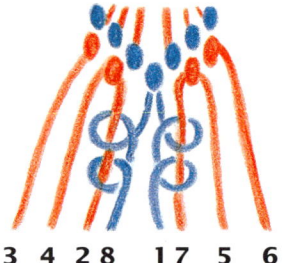

3 4 2 8 1 7 5 6

4 Knüpfe mit Faden 8 zwei linke Knoten auf Faden 2 und mit Faden 1 zwei rechte Knoten auf Faden 7.

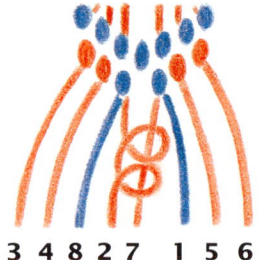

3 4 8 2 7 1 5 6

5 Nun knüpfst du mit Faden 2 zwei rechte Knoten auf Faden 7.

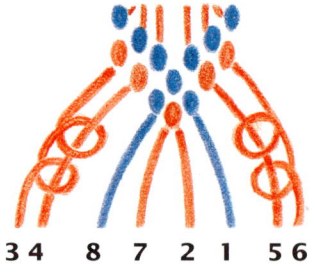

3 4 8 7 2 1 5 6

6 Knüpfe mit Faden 3 zwei rechte Knoten auf Faden 4 und mit Faden 6 zwei linke Knoten auf Faden 5.

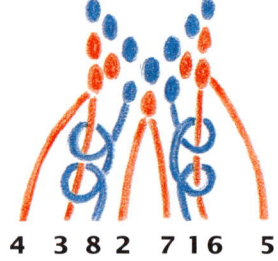

4 3 8 2 7 1 6 5

7 Knüpfe mit Faden 8 zwei linke Knoten auf Faden 3 und mit Faden 1 zwei rechte Knoten auf Faden 6.

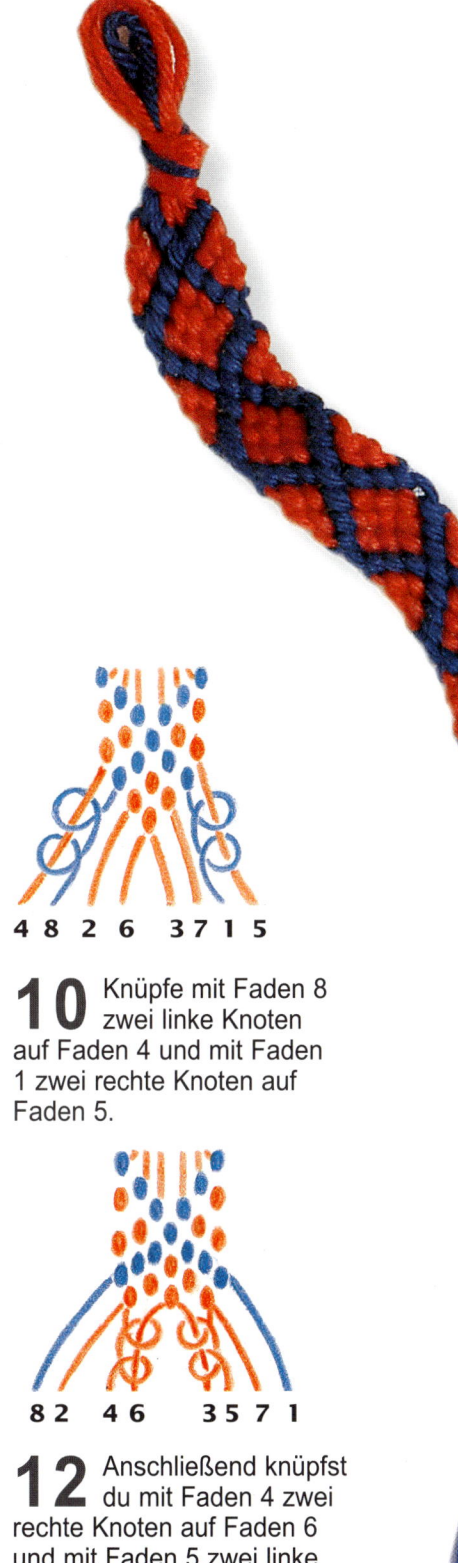

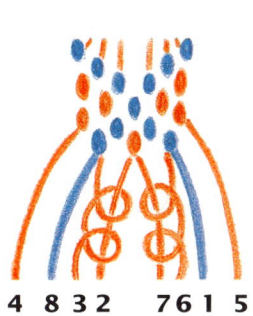

4 8 3 2   7 6 1 5

8 Knüpfe nun mit Faden 3 zwei rechte Knoten auf Faden 2. Mit Faden 6 knüpfe zwei linke Knoten auf Faden 7.

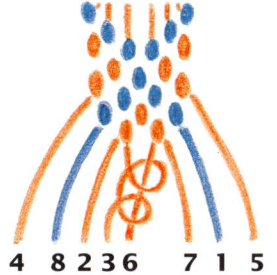

4 8 2 3 6   7 1 5

9 Dann knüpfst du mit Faden 3 zwei rechte Knoten auf Faden 6.

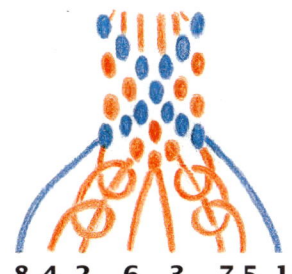

4 8 2 6   3 7 1 5

10 Knüpfe mit Faden 8 zwei linke Knoten auf Faden 4 und mit Faden 1 zwei rechte Knoten auf Faden 5.

8 4 2 6 3 7 5 1

11 Knüpfe mit Faden 4 zwei rechte Knoten auf Faden 2 und mit Faden 5 zwei linke Knoten auf Faden 7.

8 2 4 6   3 5 7 1

12 Anschließend knüpfst du mit Faden 4 zwei rechte Knoten auf Faden 6 und mit Faden 5 zwei linke Knoten auf Faden 3.

Rauten-Bänder

Spielarten

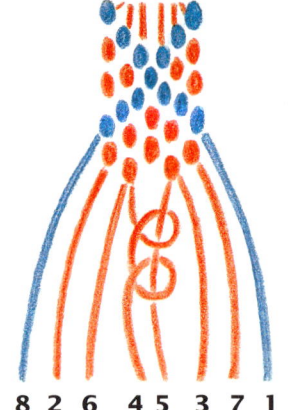

8 2 6 4 5 3 7 1

13 Nun knüpfe mit Faden 4 noch zwei rechte Knoten auf Faden 5.

Variante 1

Knotenfolge

Position der Fäden

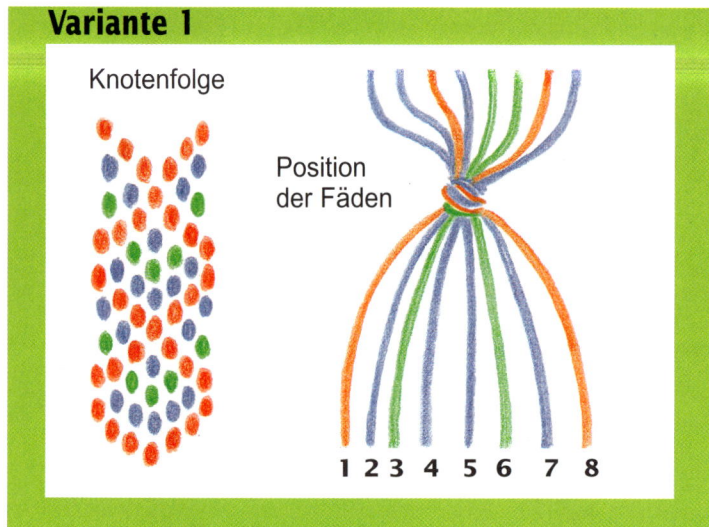

1 2 3 4 5 6 7 8

Variante 2

Knotenfolge

Position der Fäden

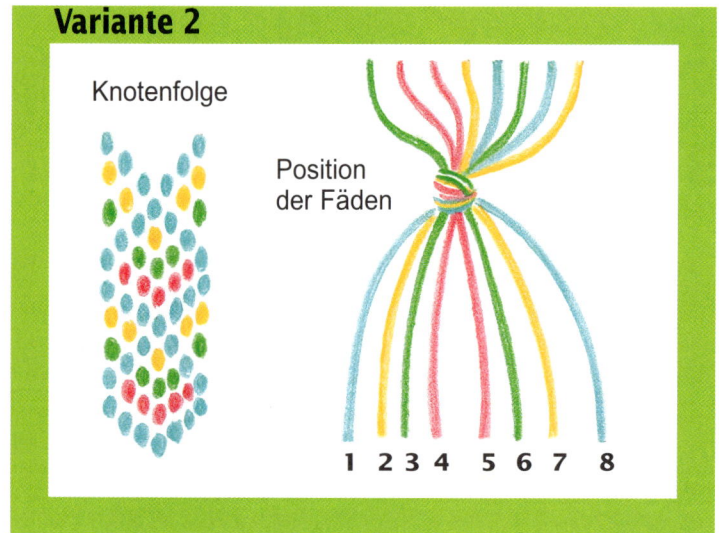

1 2 3 4 5 6 7 8

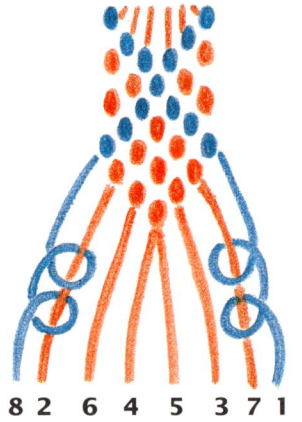

8 2 6 4 5 3 7 1

14 Beginne mit Faden 8 und 1 nun wieder von vorne.

Mango

Dieses Band in warmen Farben verlangt schon einige Fingerfertigkeit.
Aber der Aufwand lohnt sich!

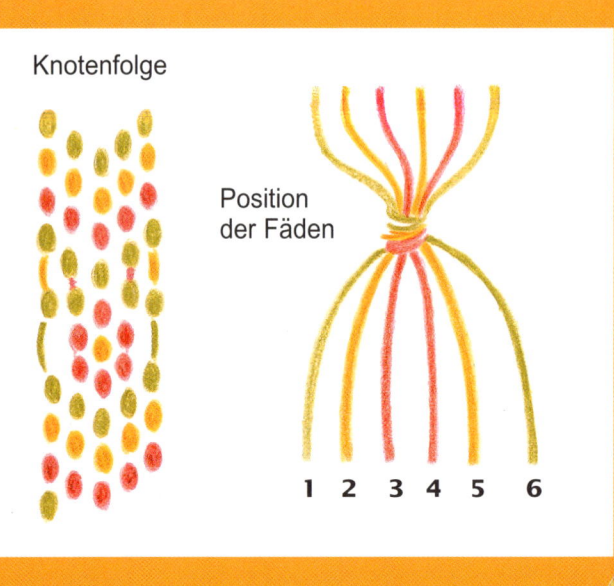

Knotenfolge

Position
der Fäden

1 2 3 4 5 6

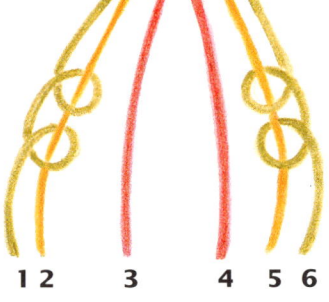

1 2   3   4 5 6

1 Knüpfe mit Faden 1
und 6 einen Winkel
(s. S. 20).

2 3 6 1 4 5

2 Knüpfe dann mit Faden 2 und 5 einen zweiten Winkel.

6 5 4 3 2 1

3 Für einen dritten Winkel nimmst du Faden 3 und 4. Dann beginne wieder mit Faden 6 und 1.

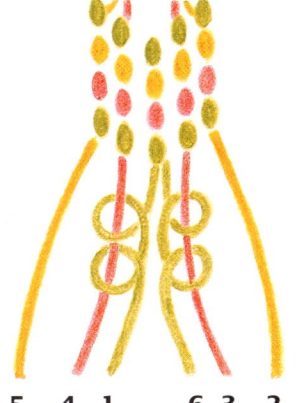

5 4 1 6 3 2

4 Wenn auch dieser Winkel fertig ist, knüpfst du mit Faden 1 zwei linke Knoten auf Faden 4 und mit Faden 6 zwei rechte Knoten auf Faden 3.

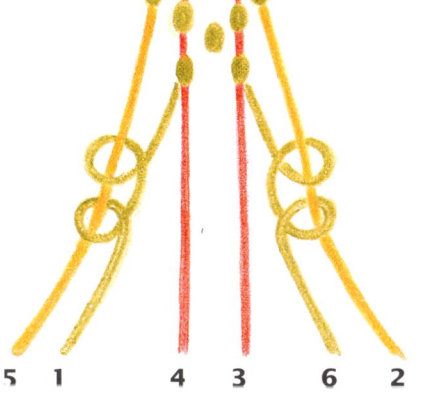

5 1 4 3 6 2

5 Nun knüpfst du wieder mit Faden 1 zwei linke Knoten auf Faden 5. Mit Faden 6 knüpfst du schließlich zwei rechte Knoten auf Faden 2.

Mango

1   5 4 3   2   6

1   5 3   4   2 6

1   3   5 2   4   6

6 Knüpfe mit Faden 4 zwei rechte Knoten auf Faden 3. Faden 1 und 6 arbeiten nicht.

7 Knüpfe dann mit Faden 3 zwei linke Knoten auf Faden 5 und mit Faden 4 zwei rechte Knoten auf Faden 2.

8 Knüpfe mit Faden 5 zwei rechte Knoten auf Faden 2.

1   3 2   5 4   6

1 2   3 4   5   6

1 2   4   3   5 6

9 Nun knüpfst du mit Faden 3 zwei rechte Knoten auf Faden 2 und mit Faden 4 zwei linke Knoten auf Faden 5.

10 Abschließend knüpfst du mit Faden 3 zwei rechte Knoten auf Faden 4.

11 Nun werden auch wieder Faden 1 und 6 mit einbezogen: Knüpfe mit ihnen einen Winkel.

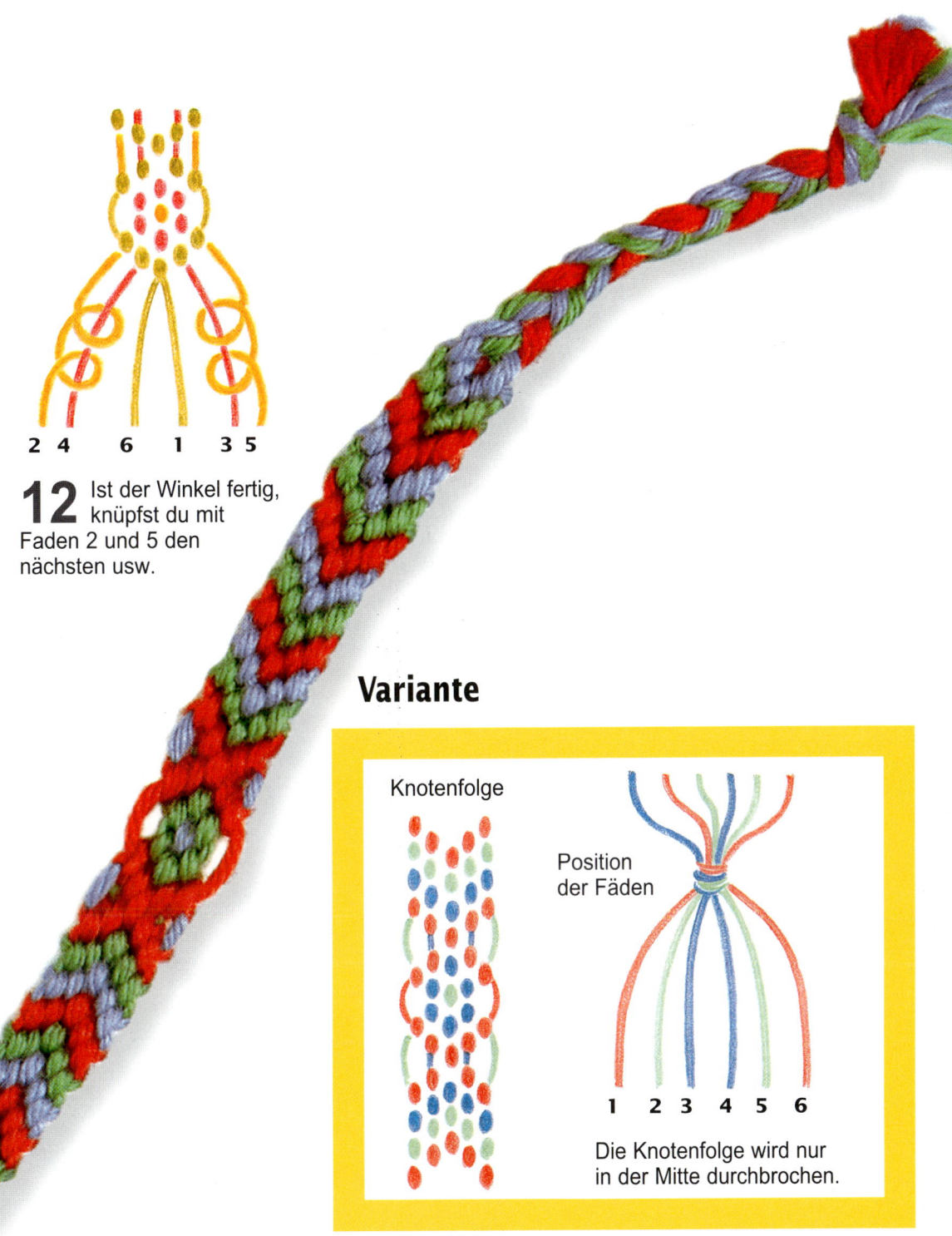

2 4   6   1   3 5

12 Ist der Winkel fertig, knüpfst du mit Faden 2 und 5 den nächsten usw.

Variante

Knotenfolge

Position der Fäden

1   2   3   4   5   6

Die Knotenfolge wird nur in der Mitte durchbrochen.

Barbarella

Dieses wunderschöne Band kostet etwas Zeit und Geduld. Doch dafür hast du am Ende ein richtiges Schmuckstück.

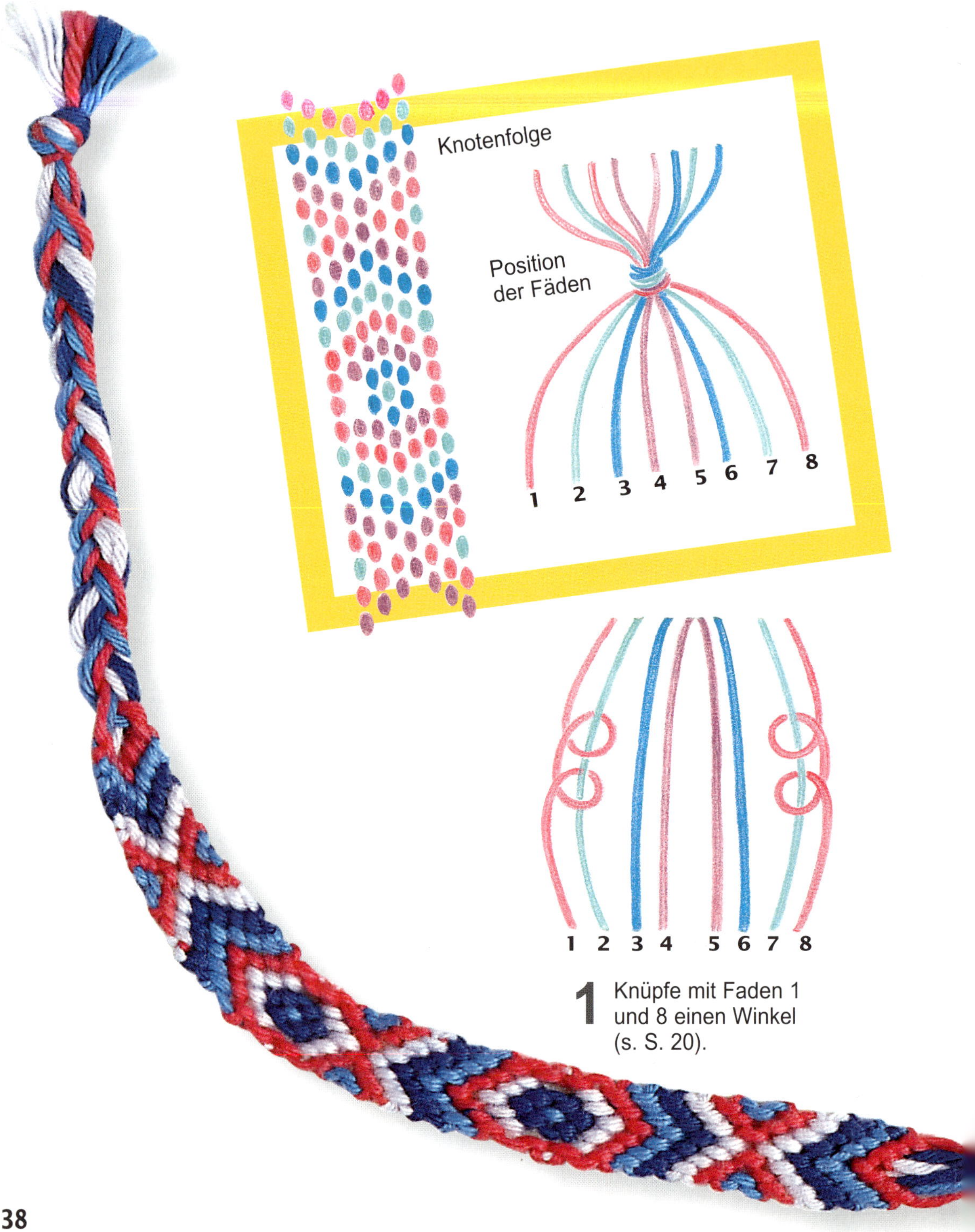

Knotenfolge

Position der Fäden

1 2 3 4 5 6 7 8

1 2 3 4 5 6 7 8

1 Knüpfe mit Faden 1 und 8 einen Winkel (s. S. 20).

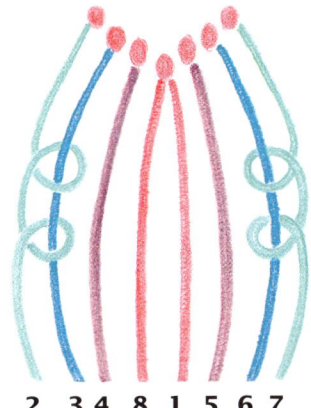

2 3 4 8 1 5 6 7

2 Knüpfe mit Faden 2 und 7 einen zweiten Winkel.

8 7   6 5 4 3 2 1

3 Knüpfe noch zwei weitere Winkel. Dann knüpfst du mit Faden 8 je zwei rechte Knoten auf Faden 7, 6 und 5. Mit Faden 1 knüpfst du dementsprechend je zwei linke Knoten auf Faden 2, 3 und 4.

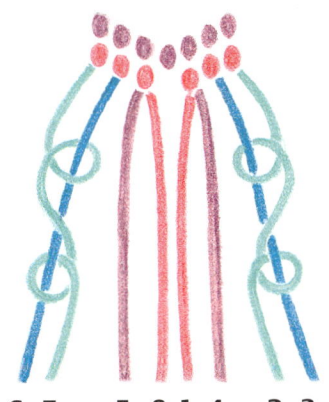

6 7   5 8 1 4   2 3

4 Achtung! Diesmal knüpfst du mit Faden 7 einen rechten und einen linken Knoten auf Faden 6. Mit Faden 2 knüpfst du dann einen linken und einen rechten Knoten auf Faden 3.

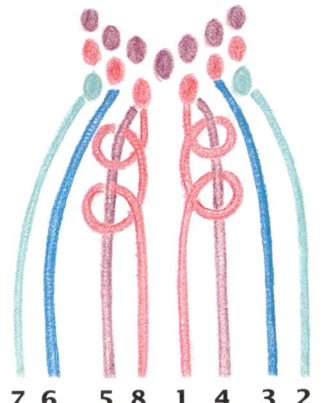

7 6   5 8 1 4 3 2

5 Knüpfe nun mit Faden 8 zwei linke Knoten auf Faden 5 und mit Faden 1 zwei rechte Knoten auf Faden 4.

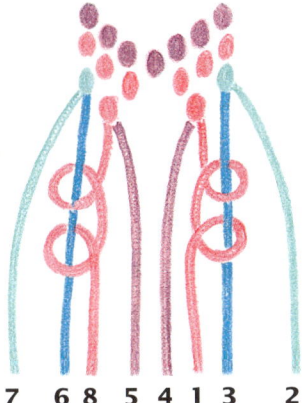

7 6 8 5 4 1 3   2

6 Weiterhin mit Faden 8 knüpfst du zwei linke Knoten auf Faden 6. Mit Faden 1 knüpfst du zwei rechte Knoten auf Faden 3.

Barbarella

8 7 6 5 4 3 2 1

7 Knüpfe mit Faden 5 zwei rechte Knoten auf Faden 4.

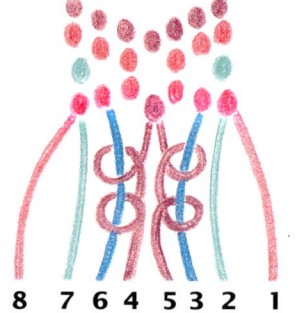

8 7 6 4 5 3 2 1

8 Knüpfe dann mit Faden 4 zwei linke Knoten auf Faden 6 und mit Faden 5 zwei rechte Knoten auf Faden 3.

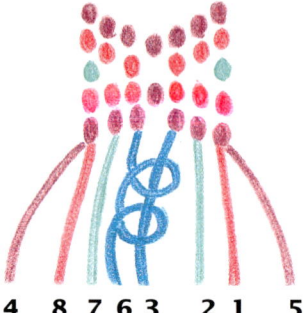

4 8 7 6 3 2 1 5

9 Nun knüpfst du mit Faden 6 zwei rechte Knoten auf Faden 3.

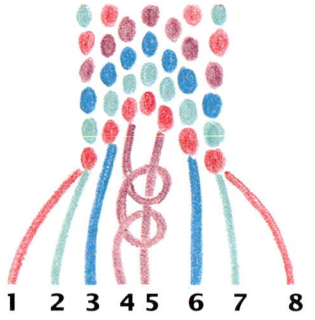

1 2 3 4 5 6 7 8

10 Knüpfe erst drei Winkel und dann mit Faden 4 zwei rechte Knoten auf Faden 5.

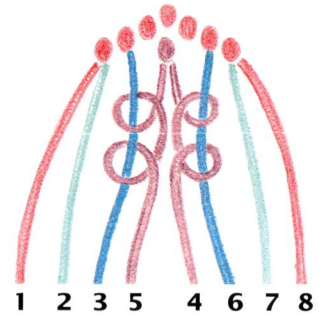

1 2 3 5 4 6 7 8

11 Knüpfe mit Faden 5 zwei linke Knoten auf Faden 3 und mit Faden 4 zwei rechte Knoten auf Faden 6.

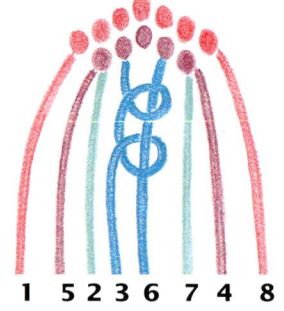

1 5 2 3 6 7 4 8

12 Mit Faden 3 knüpfst du dann zwei rechte Knoten auf Faden 6.

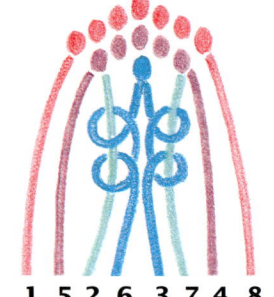

1 5 2 6 3 7 4 8

13 Knüpfe mit Faden 6 zwei linke Knoten auf Faden 2 und mit Faden 3 zwei rechte Knoten auf Faden 7.

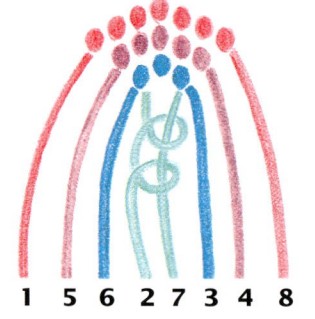

1 5 6 2 7 3 4 8

14 Knüpfe nun mit Faden 2 zwei rechte Knoten auf Faden 7.

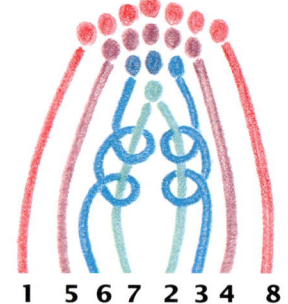

1 5 6 7 2 3 4 8

15 Dann knüpfst du mit Faden 6 zwei rechte Knoten auf Faden 7 und mit Faden 3 zwei linke Knoten auf Faden 2.

1 5 7 6 3 2 4 8

16 Nun knüpfst du mit Faden 6 zwei rechte Knoten auf Faden 3.

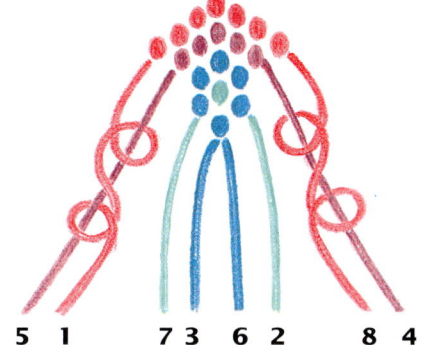

5 1 7 3 6 2 8 4

17 Achtung! Mit Faden 1 knüpfst du einen rechten und einen linken Knoten auf Faden 5. Mit Faden 8 knüpfst du dementsprechend einen linken und einen rechten Knoten auf Faden 4.

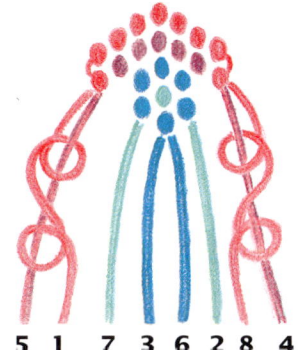

5 1 7 3 6 2 8 4

18 Wiederhole noch einmal Punkt 17: gleiche Knoten, gleiche Fäden!

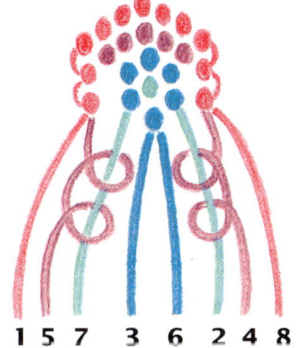

1 5 7 3 6 2 4 8

19 Knüpfe mit Faden 5 zwei rechte Knoten auf Faden 7 und mit Faden 4 zwei linke Knoten auf Faden 2.

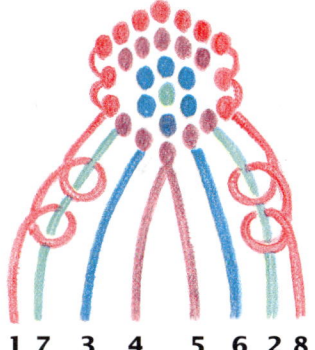

1 7 3 4 5 6 2 8

20 Nun beginnt alles wieder von vorne!

Und noch mehr Ideen ...

Reißverschluss-Zipp

Modell: Barbarella
Fadenlänge: 90 cm

Knüpfe das Band etwa bis zur Hälfte und verknote das Ende. Dann führst du alle Fäden durch die Öse des Reißverschlusses und machst noch einen Knoten. Nun knüpfst du das Band fertig, verknotest die Fäden und schneidest die überstehenden Enden ab.

Gürtelschlaufe

Modell: Allegro
Fadenlänge: ca. 50 cm
(je nach Breite des Gürtels)

Knüpfe ein Band, das etwas mehr als doppelt so lang ist wie der Gürtel breit. Wenn du mit Knüpfen fertig bist, sollten an den Enden noch ca. 5 cm Faden überstehen. Vernähe nun die Fäden der Bandenden an der Innenseite und nähe sie dann um den Gürtel herum zusammen. So kannst du sicher sein, dass es passt!

Haarspange

Modell: Allegro
Fadenlänge: ca. 40 cm

Knüpfe ein Band, das in Länge und Breite den Maßen der Haarspange entspricht. Verknote auf beiden Seiten die Enden. Klebe das Band mit Kontaktkleber auf die Spange.

Hemdenschmuck

Modell: Rauten-Bänder
Fadenlänge: 90 cm

Knüpfe ein Band, das so lang ist wie die Brusttasche deines Hemdes breit. Wenn du fertig bist, löst du den Anfangsknoten: An beiden Enden stehen jetzt rund 3 cm Faden über. Diese Fadenenden versteckst du unter dem Band, das du dann mit Nadel und Faden am Hemd festnähst. Am besten fixierst du es vorher mit einer Stecknadel an der gewünschten Stelle. So verrutscht es nicht!

Schlüsselanhänger

Modell: Bossa Nova
Fadenlänge: 90 cm

Knüpfe das Band und flicht Anfang und Ende als Abschluss zu je zwei Zöpfen. Führe das Band durch den Schlüsselring und verknote die Zöpfe miteinander.

Schlüsselanhänger mit Perlen

Modell: Tango
Fadenlänge:
50 cm

Knüpfe das Band. Wenn du fertig bist, löst du den Anfangsknoten: Die Fäden hängen an beiden Seiten lose herab. Führe das Band durch den Schlüsselring und nähe die beiden Enden zusammen. Nun fädelst du auf jeden Faden eine Perle und knotest sie fest.

Verziertes Etui

Modell: Macumba und Flechtzöpfe
Fadenlänge: 90 cm zum Knüpfen,
40 cm zum Flechten

Knüpfe ein breites Band, bei dessen Muster sich die Winkel genau in der Mitte

treffen, und verknote beide Enden. Dann flichtst du zwei Zöpfe, die die gleiche Länge haben wie das Band.

Nähe die Zöpfe links und rechts am Band fest: Das Band ist nun noch breiter! Klebe das Band mit Kontaktkleber auf das Etui. Und nun kannst du noch ein passendes Reißverschluss-band dazu knüpfen (s. S. 42).

Kuli-Kette

Modell: Tango
Fadenlänge: 60-70 cm

Knüpfe ein schmales Band und knote es an einen schönen Kugelschreiber. Auf das noch freie Ende fädelst du eine Perle und knotest sie fest.
Oder bitte einen Erwachsenen dir mit einem Handbohrer ein Loch quer durch das Ende eines Bleistifts zu bohren: Durch das Loch ziehst du dann dein Band.

Inhalt

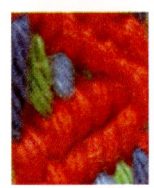

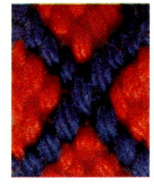
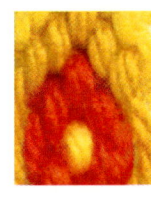